EASY ENGLISH

L'INGLESE FACILE

Mariotti Publishing s.r.l.
20129 Milano, Tel. 027382448 - 0276114154
Fax 0270100538
Testi: Kenneth Johnson
Disegni: Romina Scarpanti
Finito di stampare nel mese di luglio 2015 da A.G.P. s.r.l.
Peschiera Borromeo (MI)

Kenneth Johnson

EASY ENGLISH

L'INGLESE FACILE

Mariotti

Sommario

Nota introduttiva

Questo libro è un primo semplice approccio alla lingua inglese, dedicato ai giovanissimi e anche ai grandicelli che si avvicinano per la prima volta, o quasi, a questo idioma.
Pertanto si è volutamente evitato di introdurre le contrazioni, contractions, che a nostro avviso avrebbero reso molto più complicato l'approccio (es. It is = it's / *esso è;* they do not go = they don't go / *essi non vanno*). Va però almeno qui ricordato che se ne fa un grande uso, soprattutto nelle forme negative ed interrogative.
Inoltre, la pronuncia, pronunciation, indicata in diverse frasi non è quella internazionale, ricca di segni particolari e quindi piuttosto impegnativa, ma è quella semplificata, basata sulle lettere dell'alfabeto italiano, di tipo elementare, semplice da capire e memorizzare.

Presentazione

Imparare l'inglese facilmente è il desiderio di tutti gli studenti e lo scopo di questo libro è quello di realizzarlo.
A questo fine ti presentiamo un metodo nuovo, la cui parola chiave è "semplicità".
Infatti vengono esposte in modo sintetico le nozioni di base, immediatamente seguite da alcuni esempi per imprimerle subito nella memoria.
Segue l'addestramento, cioè la compilazione di alcuni esercizi sull'argomento, e poi la verifica, cioè il confronto con le soluzioni.
Per rendere più varia la pagina, troverai diverse immagini a colori che si esprimono a fumetti in italiano e inglese, seguiti dalla relativa pronuncia semplificata.
Leggilo con attenzione, divertendoti pure, e scoprirai che l'inglese è più facile di quanto tu possa pensare.

Pronomi personali soggetto

IO = I *(ài)*

1° pers. sing.

In inglese IO si traduce **I** e si pronuncia *ài*.
Il pronome personale **I** è sempre con la maiuscola.

Io sono italiano. — I am Italian.
Io parlo inglese. — I speak English.
Mangio spaghetti. — I eat spaghetti. *

TU = YOU *(iù)*

2° pers. sing.

TU si traduce **YOU** e si pronuncia *iù*.

Tu sei una ragazza. — You are a girl.
Tu sei un poeta. — You are a poet.
Sei giovane. — You are young. *

* IN INGLESE IL SOGGETTO VA SEMPRE ESPRESSO.

EGLI = HE *(hi)*

3° pers. sing. m.

EGLI si traduce **HE**
e si pronuncia *hi*.

Egli è francese. He is French.
Egli va a scuola. He goes to school.
È alto. He is tall.

ELLA = SHE *(sci)*

3° pers. sing. f.

ELLA si traduce **SHE**
e si pronuncia *sci*.

Ella è magra. She is slim.
Ella studia. She studies.
Ha un gatto. She has a cat.

ESSO, ESSA = IT *(it)*

3° pers. sing. n.

ESSO, ESSA si traducono **IT** e si pronunciano *it*.

Esso è un gatto.	It is a cat.
Essa è blu.	It is blue.
È grande.	It is big.

NOI = WE *(uì)*

1° pers. pl.

NOIsi traduce **WE** e si pronuncia *uì*.

Noi mangiamo.	We eat.
Noi parliamo.	We talk.
Andiamo a casa.	We go home.

VOI = YOU *(iù)*

2° pers. pl.

VOI si traduce **YOU** e si pronuncia *iù*.

Voi siete buoni.	You are good.
Voi avete un cane.	You have a dog.
Parlate francese.	You speak French.

ESSI = THEY *(dhéi)*

3° pers. pl.

ESSI si traduce **THEY** e si pronuncia *dhéi*.

Essi sono bassi.	They are short.
Essi vanno.	They go.
Bevono.	They drink.

Esercizi

1. Completa le frasi usando i pronomi personali soggetto.

.... è mia madre.	.... is my mother.
.... sono inglese.	.... am English.
.... sei un amico.	.... are a friend.
.... è un libro.	.... is a book.
.... sono ragazzi.	.... are boys.
.... siete fratelli.	.... are brothers.
.... è mio padre.	.... is my father.
.... siamo contenti.	.... are happy.

2. Sostituire il soggetto con il pronome personale inglese corrispondente.

Il cane è piccolo.	.... is small.
La signora è inglese.	.... is English.
Le sedie sono vecchie.	.... are old.
Paul è uno studente.	.... is a student.
Tu e Mary siete fratelli.	.... are brothers.
La casa è gialla.	.... is yellow.
Le strade sono belle.	.... are pretty.
Il maestro è alto.	.... is tall.

3. Inserire nella parentesi il pronome personale inglese corrispondente al soggetto.

Il libro è difficile.	The book (..........) is difficult.
L'esercizio è facile.	The exercise (..........) is easy.
La zia è buona.	The aunt (..........) is good.
I cani mangiano.	The dogs (..........) eat.
Tu e Ann giocate.	You and Ann (..........) play.
Il ragazzo è basso.	The boy (..........) is small.
Lucy è bionda.	Lucy (..........) is blonde.
Il gatto è bianco.	The cat (..........) is white.

4. Scrivi i pronomi personali soggetto.

2° pers. pl. = ...	1° pers. sing. = ...
1° pers. pl. = ...	3° pers. pl. = ...
3° pers. sing. f. = ...	2° pers. sing. = ...
3° pers. sing. n. = ...	3° pers. sing. m. = ...

Soluzioni

Es. 1: she, I, you, it, they, you, he, we.
Es. 2: it, she, they, he, you, it, they, he.
Es. 3: it, it, she, they, you, he, she, it.
Es. 4: you, we, she, it, I, they, you, he.

Pronomi personali complemento

MI, ME = ME *(mì)*

1° pers. sing.

MI, ME
si traducono **ME**,
e si pronunciano *mì*.

Ann mi parla.	Ann speaks to me.
Essi mi chiamano.	They call me.
Mi amate.	You love me.

TI, TE = YOU *(iù)*

2° pers. sing.

TI, TE
si traducono **YOU**,
e si pronunciano *iù*.

Io ti parlo.	I speak to you.
Lei ti vede.	She sees you.
Ti conosciamo.	We know you.

GLI, LUI, LO = HIM *(him)*

3° pers. sing. m.

GLI, LUI, LO si traducono **HIM**, e si pronunciano *him*.

Tu lo vedi. You see him.
Lei gli parla. She speaks to him.
Io lo conosco. I know him.

LE, LEI, LA = HER *(her)*

3° pers. sing. f.

LE, LEI, LA si traducono **HER**, e si pronunciano *her*.

Gioco con lei. I play with her.
Lui la ama. He loves her.
Noi la vediamo. We see her.

LO, LA, LUI, LEI = IT *(it)*

3° pers. sing. n.

LO, LA, LUI, LEI si traducono **IT**, e si pronunciano *it*.

Tu lo mangi.	You eat it.
Io la guardo.	I look at it.
Ann lo spinge.	Ann pushes it.

CI, NOI = US *(as)*

1° pers. pl.

CI, NOI si traducono **US**, e si pronunciano *as*.

Lui ci vede.	He sees us.
Paul ci chiama.	Paul calls us.
Parla con noi.	He speaks to us.

VI, VOI = **YOU** *(iù)*

2° pers. pl.

VI, VOI
si traducono **YOU**,
e si pronunciano *iù*.

Io vi parlo.	I speak to you.
Essi vi sentono.	They hear you.
Gioco con voi.	I play with you.

LI, LE, LORO = **THEM** *(dhèm)*

3° pers. pl.

LI, LE, LORO si traducono
THEM, e si pronunciano *dhèm*.

Parlo con loro.	I speak with them.
Ann li ama.	Ann loves them.
Li portano.	They bring them.

Esercizi

1. Completa le frasi usando i pronomi personali complemento.

Io **le** parlo.	I speak to ....
Mi vedono.	They see ....
Noi **li** aiutiamo.	We help ....
Egli **ci** vede.	He sees ....
Io **lo** vedo (il cane).	I see ....
Tu **lo** aiuti.	You help ....
Noi **vi** vediamo.	We see ....
Noi **ti** parliamo.	We speak to ....

2. Completa le frasi inglesi inserendo il pronome personale complemento corrispondente.

Io **gli** scrivo.	I write to ....
Ella gioca con **te**.	She plays with ....
Essi **mi** guardano.	They look at ....
Noi giochiamo con **lei**.	We play with ....
Voi **ci** aspettate.	You wait for ....
Tu **la** vedi (la casa).	You see ....
Vi ascolto.	I listen to ....
Noi siamo con **loro**.	We are with ....

3. Invertire il pronome personale soggetto con il pronome personale complemento relativo.

Io ti do un libro.	..you.. give a book to ..me..
Tu lavori con **noi**.	.... work with ....
Ella li attende.	.... wait for ....
Egli la ama.	.... loves ....
Essi ti odiano.	.... hate ....
Egli mi parla.	.... speak to ....
Voi ci aiutate.	.... help ....
Noi vi vediamo.	.... see ....

4. Scrivi i pronomi personali complemento.

2° pers. pl. = ...	1° pers. sing. = ...
1° pers. pl. = ...	3° pers. pl. = ...
3° pers. sing. f. = ...	2° pers. sing. = ...
3° pers. sing. n. = ...	3° pers. sing. m. = ...

Soluzioni

Es. 1: her, me, them, us, it, him, you, you.
Es. 2: him, you, me, her, us, it, you, them.
Es. 3: you/me, we/you, they/her, she/him, you/them, I/him, we/you, you/us.
Es. 4: you, us, her, it, me, them, you, him.

Verbi regolari: presente ind.

- L'indicativo presente si forma con l'infinito (spingere: to push; mangiare: to eat) senza il **to**. Solo alla 3° persona singolare si aggiunge -**s**.

Ella ama il mio giardino. She love**s** my garden.
Essi lavorano in Italia. They work in Italy.
Viviamo in campagna. We live in the country.

- Alla 3° persona singolare:
  1. quando il verbo termina in -**y**, se preceduta da vocale, si aggiunge -**s**; se è preceduta da consonante, si sostituisce -**y** con -**ies**.

Egli gioca. He play**s**.
Ella studia. She stud**ies**.

2. i verbi che finiscono in -**sh**,-**ch**, -**x**, -**ss**, -**o** aggiungono -**es**.

Ella lava la camicia.	She wash**es** the shirt.
Egli guarda la tv.	He watch**es** TV.
Ella fissa un incontro.	She fix**es** a meeting.
Egli la bacia.	He kiss**es** her.
Ella va fuori.	She go**es** out.

Esercizi

1. Completa le frasi in inglese, utilizzando i seguenti verbi: parlare = to speak; amare = to love; lavorare = to work; guardare = to look at; andare = to go; desiderare = to wish; osservare = to watch; baciare = to kiss; giocare = to play; studiare = to study.

Lei mi parla.	She ....speaks.... to me.
La mamma li ama.	Mother .... them.
Il motore lavora.	The engine ....
Egli la guarda.	He .... at her.
Ann va a scuola.	Ann .... to school.
Egli desidera un cane.	He .... a dog.
John osserva la via.	John .... the street.
Egli bacia Ann.	He .... Ann.
Kate gioca con loro.	Kate .... with them.
Pierre studia molto.	Pierre .... very much.

Soluzioni

Es. 1: speaks, loves, works, looks, goes, wishes, watches, kisses, plays, studies.

Verbo ESSERE: presente ind.

ESSERE = TO BE *(tu bii)*

TO BE è un verbo irregolare.

IO SONO = I AM *(ài em)*

Io sono italiano. I am Italian.
Io sono stanco. I am tired.
Io sono un cuoco. I am a cook.

TU SEI = YOU ARE *(iù aar)*

Tu sei una ragazza. You are a girl.
Tu sei un bimbo. You are a child.
Tu sei brava. You are good.

EGLI È = HE IS *(hi iz)*

Egli è americano.	He is American.
Egli è biondo.	He is blond.
È uno studente.	He is a student.

ELLA È = SHE IS *(sci iz)*

Ella è nera.	She is black.
Ella è piccola.	She is small.
È intelligente.	She is clever.

ESSO È = IT IS *(it iz)*

Esso è rosso.	It is red.
Esso è veloce.	It is fast.
È una torre.	It is a tower.

NOI SIAMO = WE ARE *(uì aar)*

Siamo una squadra.	We are a team.
Siamo amici.	We are friends.
Noi siamo inglesi.	We are English.

VOI SIETE = YOU ARE (iù aar)

Siete campioni. You are champions.
Voi siete alti. You are tall.
Siete giovani. You are young.

ESSI SONO = THEY ARE (dhéi aar)

Sono grassi. They are fat.
Sono sinceri. They are sincere.
Essi sono due. They are two.

Esercizi

1. Inserisci il verbo ESSERE in inglese.

Le scarpe sono rosse.	The shoes ..are... red.
Il tavolo è vicino.	The table .... nearby.
Sei un bravo ragazzo.	You .... a good boy.
Essi sono ragazzi greci.	They .... Greek boys.
Ella è in giardino.	She .... in the garden.
Sono un buon giocatore.	I .... a good player.
Voi siete affamati.	You .... hungry.
È vicino alla finestra.	It .... near the window.

2. Scrivi il presente indicativo del verbo ESSERE.

2° pers. pl. = ...	1° pers. sing. = ...
1° pers. pl. = ...	3° pers. pl. = ...
3° pers. sing. f. = ...	2° pers. sing. = ...
3° pers. sing. n. = ...	3° pers. sing. m. = ...

Soluzioni

Es. 1: are, is, are, are, is, am, are, is.
Es. 2: are, are, is, is, am, are, are, is.

Verbo AVERE: presente ind.

AVERE = TO HAVE (*tu hèv*)

TO HAVE è un verbo irregolare.

IO HO = I HAVE (*ài hèv*)

Io ho un cavallo. I have a horse.
Io ho due gatti. I have two cats.
Ho un cappello. I have a hat.

TU HAI = YOU HAVE (*iù hèv*

Hai molto denaro. You have a lot of money.
Hai un'auto rossa. You have a red car.
Tu hai un anello. You have a ring.

* In inglese l'aggettivo precede sempre il nome.

EGLI HA = HE HAS (hi hèz)

Egli ha due figli. He has two sons.
Egli ha un ufficio. He has an office.
Egli ha tre cani. He has three dogs.

ELLA HA = SHE HAS (sci hèz)

Ha gli occhi blu. She has blue eyes.
Ella ha due libri. She has two books.
Ha una collana. She has a necklace.

ESSO HA = IT HAS (*it hèz*)

Ha le orecchie lunghe. It has long ears.
Esso ha il tetto rosso. It has a red roof.
Ha quattro ruote. It has four wheels.

NOI ABBIAMO = WE HAVE (*uì hèv*)

Noi abbiamo tempo. We have time.
Abbiamo una corona. We have a crown.
Abbiamo due nipotine. We have two nieces.

VOI AVETE = YOU HAVE (iù hèv)

Avete una sorella.	You have a sister.
Avete due dollari.	You have two dollars.
Voi avete una villa.	You have a mansion.

ESSI HANNO = THEY HAVE (dhéi hèv)

Hanno una laurea.	They have a degree.
Hanno tanti figli.	They have many children.
Hanno un'auto nuova.	They have a new car.

Esercizi

1. Inserisci il verbo AVERE in inglese.

Paul ha un gatto.	Pual ..has.. a cat.
Noi abbiamo una casa.	We .... a house.
Voi avete una famiglia.	You .... a family.
Jenny ha gli occhi blu.	Jenny .... blue eyes.
Hanno tanti giocattoli.	They .... many toys.
Tu hai i capelli neri.	You .... black hair.
Ha un comignolo.	It .... a chimney.
Io ho quattro libri.	I .... four books.

2. Scrivi il presente indicativo del verbo AVERE.

2° pers. pl. = ...	1° pers. sing. = ...
1° pers. pl. = ...	3° pers. pl. = ...
3° pers. sing. f. = ...	2° pers. sing. = ...
3° pers. sing. n. = ...	3° pers. sing. m. = ...

Soluzioni

Es. 1: has, have, have, has, have, have, has, have.
Es. 2: have, have, has, has, have, have, have, has.

Articoli determinativi

IL, LO, LA, L', I, GLI, LE = THE *(dhe)*

- **THE** resta INVARIATO al maschile e femminile, e al singolare e plurale.

Il bimbo è basso.	The child is short.
La casa è bianca.	The house is white.
I gatti corrono sul letto.	The cats run on the bed.

- Non si usa **THE** davanti ai sostantivi plurali che rappresentano un'intera CATEGORIA di persone, animali o cose.

Ai giovani piace il football.	Young people like football.

Odio le caramelle. I hate sweets.
I cani amano giocare. Dogs love playing.

- Non si usa **THE** con i nomi di sport, giochi, pasti, giorni (mesi e stagioni) colori.

Amo la pallacanestro. I love basketball.
Il pranzo è alle 12:30. Lunch is at 12:30.
La primavera è vicina. Spring is close.
Mi piace il giallo. I like yellow.

Esercizi

1. Inserisci l'articolo THE quando necessario.

Mi piace il blu.	I like ..../..... blue.
Il gatto è vecchio.	.... cat is old.
La cena è pronta.	.... dinner is ready.
Il tavolo è marrone.	.... table is brown.
La scatola è chiusa.	.... box is closed.
Sara odia gli scacchi.	Sara hates .... chess.
Voglio l'estate.	I want .... summer.
Il ragazzo è giovane.	.... boy is young.
Mi piace la pallavolo.	I like .... volleyball.
I cani abbaiano.	.... dogs bark.
Il cane gioca fuori.	.... dog plays outside.
Jane ha il libro.	Jane has .... book.
I leoni sono feroci.	.... lions are ferocious.
Il cameriere è biondo.	.... waiter is blond.

Soluzioni

Es. 1: -, the, -, the, the, -, -, the, -, -, the, the, -, the.

Articoli indeterminativi

UN, UNO, UNA, UN' = A/AN (*e/en*)

- **A** si usa davanti ai vocaboli che cominciano per consonante o H aspirata.

Mangio una pera. I eat a pear.
John è un eroe. John is a hero.
C'è una guerra. There is a war.

- **AN** si usa davanti ai vocaboli che iniziano per vocale o H muta.*

Ho un ombrello. I have an umbrella.
Beve un'aranciata. He drinks an orangeade.
Mangio tra un'ora. I eat in an hour.

* Parole comuni che cominciano con H muta:
honour = onore, honest = onesto, hour = ora, heir = erede.

A si usa anche con le espressioni riguardanti la salute.

Avere il raffreddore.	To have a cold.
Avere la febbre.	To have a temperature.
Avere la tosse.	To have a cough.
Avere mal di testa.	To have a headache.

Esercizi

1. Inserisci l’articolo A o AN.

È un aeroplano.	It is .an.. airplane.
Luca ha un cane.	Luca has ...... dog.
È una ragazza italiana.	She is ...... Italian girl.
Tu sei uno studente.	You are ...... student.
Egli ha una poltrona.	He has ...... armchair.
Voi volete un ombrello.	You want ...... umbrella.
Il cane ha una coda.	The dog has ...... tail.
Noi mangiamo un uovo.	We eat ...... egg.
Ho mal di testa.	I have ...... headache.
È un ragazzo onesto.	He is ...... honest boy.
Hanno una grande casa.	They have ...... big house.
Ella è un’insegnante.	She is ...... teacher.
Ti regalo una pesca.	I give you ...... peach.
Hai un cappotto.	You have ...... overcoat.

Soluzioni

Es. 1: an, a, an, a, an, an, a, an, a, an, a, a, a, an.

Ausiliare TO DO

- **TO DO** (tu du) serve a fare le forme interrogative e negative del presente indicativo (senza **TO**).

Ti piace lo sport?	Do you like sport?
Non corri al parco.	You do not run in the park.

- Nel presente indicativo della 3° persona singolare diventa **DOES**, mentre il verbo non dovrà più prendere la -**s** finale.

Beve l'acqua?	Does he drink water?
Non gioca con te.	She does not play with you.

Esercizi

1. Inserisci l'ausiliare TO DO.

Non mangia dolci.	She does not eat sweets.
Mangi le mele?	.... you eat apples?
Non vedo il bicchiere.	I .... see the glass.
Viene con noi?	.... he come with us?
Io non desidero uscire.	I .... wish to go out.
Volete un gatto?	.... you want a cat?
Esce stasera?	.... she go out tonight?
Non lo conosciamo.	We .... know him.
Io non ti parlo.	I .... talk to you.
Ti piace la marmellata?	.... you like jam?
Non bevo il vino.	I .... drink wine.
Ti piace la verdura?	.... you like vegetables?
Non disegnano.	They .... draw.
Studia matematica?	.... she study maths?

Soluzioni

Es. 1: does not, do, do not, does, do not, do, does, do not, do not, do, do not, do, do not, does.

Forma affermativa

- La forma affermativa dei verbi si forma con:
  soggetto + **verbo**.

Io parlo con te. — I talk to you.
Paul va a casa. — Paul goes home.

Forma negativa

- Nel presente indicativo la forma negativa dei verbi si forma con:
  soggetto + **do/does** + **not** + **verbo**.

Io non mangio. — I do not eat.
Luke non viene. — Luke does not come.

Forma interrogativa

- Nel presente indicativo la forma interrogativa dei verbi si forma con:
  do/does + **soggetto** + **verbo**.

Parla con te?	Does he talk with you?
Lei gioca con lui?	Does she play with him?

Forma interrogativa-negativa

- Nel presente indicativo la forma interrogativa - negativa dei verbi si forma con:
  do/does + **soggetto** + **not** + **verbo**.

Non parlate?	Do you not speak?
Non lo vuole?	Does he not want it?

Esercizi

1. Trasforma ogni frase affermativa in frasi negativa, interrogativa e interrogativa-negativa.

Mi piace il blu.	I do not like blue.
	do I like blue?
	do I not like blue?
Il gatto mangia.	The cat .... eat.
	.... the cat eat?
	.... the cat .... eat?
Venite con noi.	You .... come with us.
	.... you come with us?
	.... you .... come with us?
Bevono il latte.	They .... drink milk.
	.... they drink milk?
	.... they .... drink milk?
Egli studia molto.	He .... study a lot.
	.... he study a lot?
	.... he .... study a lot?

Soluzioni

Es. 1: do not, do, do/not; does not, does, does/not; do not, do, do/not; do not, do, do/not; does not, does, does/not.

Forme del verbo ESSERE (to be)

- La forma affermativa del verbo ESSERE si fa con: **soggetto** + **verbo**.

Io sono italiano.	I am Italian.
Essi sono alti.	They are tall.

- La forma negativa si fa con: **soggetto** + **verbo** + **not**.

Noi non siamo francesi.	We are not French.
Non sei intelligente.	You are not clever.

* Il verbo ausiliare ESSERE non utilizza l'ausiliare TO DO.

- La forma interrogativa si fa con:
  verbo + **soggetto**.

Sono con te? — Are they with you?
Siete a casa? — Are you at home?

- La forma interrogativa - negativa si fa con:
  verbo + **soggetto** + **not**.

Non sei felice? — Are you not happy?
Non sono a Roma? — Are they not in Rome?

Esercizi

1. Inserisci l'ausiliare ESSERE al presente indicativo in una delle quattro forme (affermativa, negativa, interrogativa e interrogativa-negativa).

Tu sei stanco.	You ...are..... tired.
Egli è in casa.	He .... at home.
Tom non è stanco.	Tom .... tired.
Ann non è in casa.	Ann .... at home.
Siete stanchi?	.... you tired?
È stanco Tom?	.... Tom tired?
Essi non sono stanchi?	.... they .... tired?
Ella non è in casa?	.... she .... at home?
Io non sono stanco.	I .... tired.
Noi siamo inglesi.	We .... English.
Voi non siete alti.	You .... tall.
Mary è in casa?	.... Mary at home?
L'insegnante è bravo.	The teacher .... good.

Soluzioni

Es. 1: are, is, is not, is not, are, is, are/not, is/not, am not, are, are not, is, is.

Forme del verbo AVERE (to have)

- La forma affermativa del verbo AVERE si fa con: **soggetto** + **verbo**.

Ho una grande casa. — I have a big house.
Hanno tre cani. — They have three dogs.

- La forma negativa si fa con: **soggetto** + **verbo** + **not**.

Non avete un gatto. — You have not a cat.
Non hai il libro. — You have not the book.

* Il verbo ausiliare ESSERE non utilizza l'ausiliare TO DO.

Forme del verbo ausiliare AVERE

- La forma interrogativa si fa con:
  verbo + **soggetto**.

Hanno una penna? Have they a pen?
Hai un orologio? Have you a watch?

- La forma interrogativa - negativa si fa con:
  verbo + **soggetto** + **not**.

Non hai un cappotto? Have you not an overcoat?
Non hanno un cane? Have they not a dog?

Esercizi

1. Inserisci l'ausiliare AVERE al presente indicativo in una delle quattro forme (affermativa, negativa, interrogativa e interrogativa-negativa).

Io ho un libro.	I ...have... a book.
Voi avete dieci euro.	You .... ten euros.
Tu non hai il cane.	You .... a dog.
Ella non ha la collana.	She .... a necklace.
Noi abbiamo l'auto?	.... we a car?
Hanno la barca?	.... they a boat?
Egli non ha i libri?	.... he .... the books?
Ella non ha le scarpe?	.... she .... shoes?
Essi hanno una borsa.	They .... a bag.
Voi non avete la penna.	You .... a pen.
Ha il biglietto?	.... he the ticket?
Non hanno due gatti?	.... they .... two cats?
Non abbiamo il piatto.	We .... the dish.

Soluzioni

Es. 1: have, have, have not, has not, have, have, has/not, has/not, have, have not, has, have/not, have not.

COLORI = COLOURS *(kàlez)*

ROSA
PINK
pink

BLU
BLUE
blu

VIOLA
PURPLE
pérpl

GIALLO
YELLOW
ièlou

ARANCIONE
ORANGE
òrindg

BIANCO
WHITE
uàit

NERO
BLACK
blèk

ROSSO
RED
réd

VERDE
GREEN
griin

MARRONE
BROWN
bràun

Esercizi

1. Inserisci i colori in inglese.

L'astuccio è blu.	The case is ..blue.....
Le piacciono i gatti neri.	She likes .... cats.
La macchina è verde.	The car is ....
Mi piace il giallo.	I like ....
Il rosso è un colore.	.... is a colour.
La casa è arancione.	The house is ....
Egli odia il rosa.	He hates ....
La bandiera è bianca.	The flag is ....

Soluzioni

Es. 1: blue, black, green, yellow, red, orange, pink, white.

NUMERI = NUMBERS (nambers)

0 = zero

10 GRADI SOPRA (SOTTO) ZERO
10 DEGREES ABOVE (BELOW) ZERO
ten digrìiz ebàv (bilòu) zìrou

1 = one

UN OMBRELLO = ONE UMBRELLA (uan ambrèla)

2 = two

DUE PESCHE = TWO PEACHES (tuu piitcis)

3 = three

TRE PRUGNE = THREE PLUMS (thrii plams)

4 = four

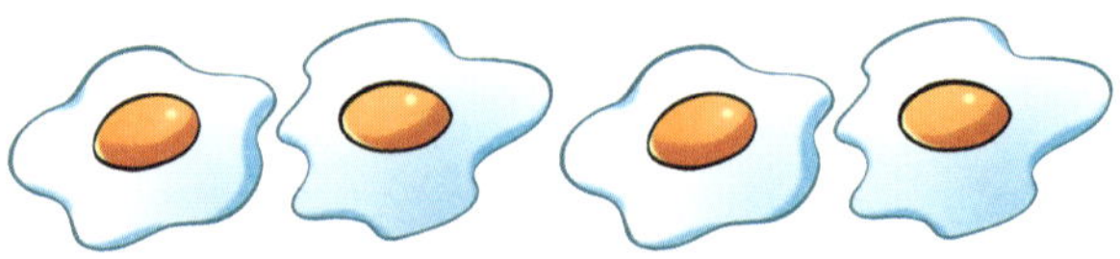

QUATTRO UOVA = FOUR EGGS (fòar eghs)

5 = five

CINQUE LIBRI = FIVE BOOKS (faiv buks)

6 = six

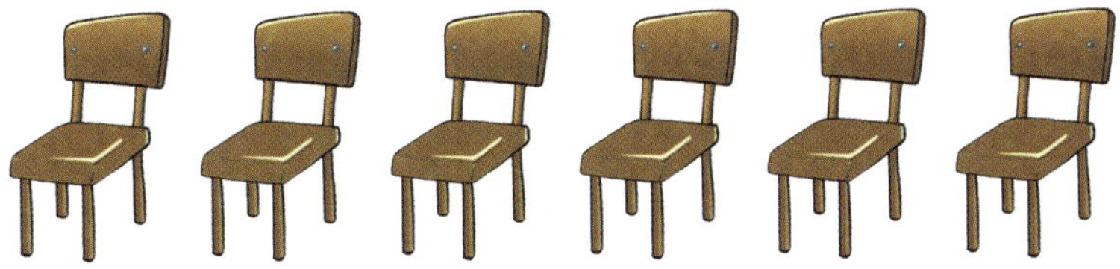

SEI SEDIE = SIX CHAIRS (siks tcears)

7 = seven

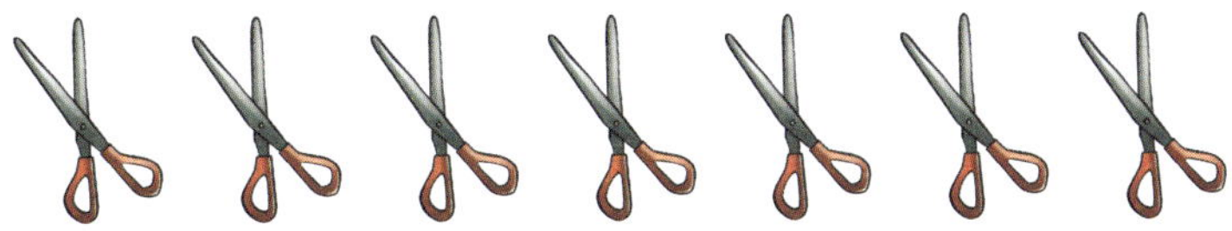

SETTE FORBICI = SEVEN SCISSORS (sevn sizez)

8 = eight

OTTO PALLE = EIGHT BALLS (eit bols)

9 = nine

NOVE PENNE = NINE PENS (nain pens)

10 = ten

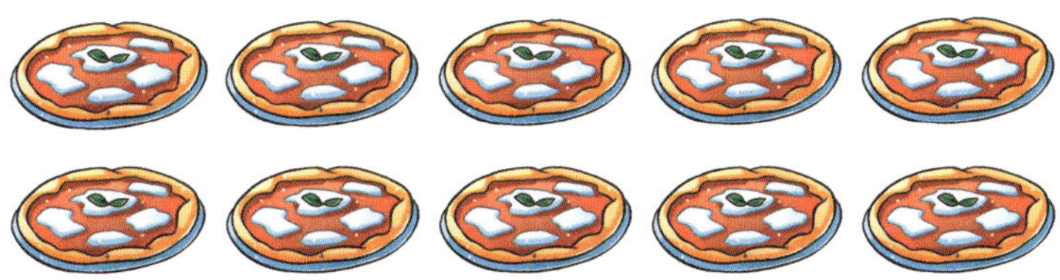

DIECI PIZZE = TEN PIZZAS (ten pizzes)

Esercizi

1. Scrivi in lettere i numeri corrispondenti.

3	....	6	....
2	....	9	....
5	....	7	....
1	....	4	....
8	....	10	....

2. Completa inserendo i numeri corrispondenti.

Ci sono cinque gatti.	There are .... cats.
Ho due macchine.	I have .... cars.
Ann ha dieci matite.	Ann has .... pencils.
Essi vogliono tre cani.	They want .... dogs.
Voi mangiate sei mele.	You eat .... apples.
Tu hai quattro magliette.	You have .... t-shirts.
Ci sono sette alberi.	There are .... trees.
Ho otto anelli.	I have .... rings.

Soluzioni

Es. 1: three, two, five, one, eight, six, nine, seven, four, ten.
Es. 2: five, two, ten, three, six, four, seven, eight.

Numeri da 11 in poi...

11	Eleven	21	Twenty-one
12	Twelve	22	Twenty-two
13	Thirteen	23	Twenty-three
14	Fourteen	24	Twenty-four
15	Fifteen	25	Twenty-five
16	Sixteen	26	Twenty-six
17	Seventeen	27	Twenty-seven
18	Eighteen	28	Twenty-eight
19	Nineteen	29	Twenty-nine
20	Twenty	30	Thirty

40	Forty	1000	One thousand
50	Fifty	10.000	Ten thousand
60	Sixty	100.000	One hundred thousand
70	Seventy	1.000.000	One million
80	Eighty		
90	Ninety		
100	One hundred		

Esercizi

1. Scrivi in lettere i numeri corrispondenti.

11	....	25	....
15	....	30	....
19	....	40	....
20	....	70	....
21	....	100	....

2. Completa inserendo i numeri corrispondenti.

Ci sono venti cani.	There are .... dogs.
Ha undici macchine.	He has .... cars.
Ann ha ventuno libri.	Ann has .... books.
Vogliamo trenta gatti.	We want .... cats.
Vede sessanta pere.	He sees .... pears.
Ci sono cento gradini.	There are .... steps.
Tagliano mille alberi.	They cut .... trees.
Ho un milione di dollari.	I have .... dollars.

Soluzioni

Es. 1: eleven, fifteen, nineteen, twenty, twenty-one, twenty-five, thirty, forty, seventy, one hundred.
Es. 2: twenty, eleven, twenty-one, thirty, sixty, one hundred, one thousand, one million.

Numeri ordinali

- Tranne i primi tre (1 **first**, 2 **second**, 3 **third**), i numeri ordinali si formano dai numeri cardinali aggiungendo alla fine **-th**.

Il primo	1st	The first
Il secondo	2nd	The second
Il terzo	3rd	The third
Il quarto	4th	The four**th**
Il sesto	6th	The six**th**
Il decimo	10th	The ten**th**

- Subiscono una variazione ortografica: five = **fifth** ; eight = **eighth** ; nine = **nineth** ; twelve = **twelfth** ; twenty = **twentieth** ; thirty = **thirtieth** ; forty = **fortieth** ecc...

Esercizi

1. Scrivere in lettere i seguenti numeri ordinali.

1st ....the first..........
4th ....
2nd ....
6th ....
3rd ....
5th ....
8th ....
11th ....
12th ....
22nd ....
23rd ....
16th ....
20th ....
7th ....
21st ....

Soluzioni

Es. 1: the first, the fourth, the second, the sixth, the third, the fifth, the eighth, the eleventh, the twelfth, the twenty-second, the twenty-third,the sixteenth, the twentieth, the seventh, the twenty-first.

LA FAMIGLIA DI TIM

TIM'S FAMILY *(Tim'z fèmili)*

ZIO (TOM)
UNCLE
ankl

PADRE (PAUL)
FATHER
fadhar

ZIA (LIZA)
AUNT
ant

MADRE (SUSAN)
MOTHER
màdhar

NONNO (PETER)
GRAND-FATHER
grènfadhar

TIM
TIM
Tim

SORELLA (ANN)
SISTER
sìstar

NONNA (JANE)
GRANDMOTHER
grènmàdhar

Plurale dei nomi

- In generale il plurale dei nomi si ottiene aggiungendo -**s** al singolare.

Ho tre gatti.	I have three cat**s**.
I ragazzi sono alti.	The boy**s** are tall.
Le mani sono sporche.	The hand**s** are dirty.

- I nomi che finiscono in -**s**, -**sh**, -**ch**, -**x**, -**ss** formano il plurale aggiungendo -**es**.

Gli autobus sono là.	The bus**es** are there.
I piatti sono rotti.	The dish**es** are broken.
Ho due orologi.	I have two watch**es**.
Le scatole sono blu.	The box**es** are blue.
I bicchieri sono vuoti.	The glass**es** are empty.

- I nomi che terminano per -**y** preceduta da consonante cambiano la **y** in **i** ed aggiungono -**es**.

Le famiglie sono qui. The famil**ies** are here.
Le città sono grandi. Cit**ies** are big.
Le feste sono allegre. Part**ies** are cheerful.

- I sostantivi che terminano per -**o** preceduta da consonante aggiungono -**es**.

Le patate sono buone. Potato**es** are good.
Mangio i pomodori. I eat tomato**es**.

- I sostantivi che terminano per -**f** e -**fe** le cambiano al plurale in -**ves**.

Le foglie sono verdi.	Lea**ves** are green.
Gli scaffali sono pieni.	Shel**ves** are full.
I coltelli sono qui.	The kni**ves** are here.

- Certi sostantivi formano il plurale con un mutamento ortografico.

Bambino	Child	→	Children
Uomo	Man	→	Men
Donna	Woman	→	Women
Topo	Mouse	→	Mice
Piede	Foot	→	Feet
Dente	Tooth	→	Teeth
Oca	Goose	→	Geese
Bue	Ox	→	Oxen

Plurale dei nomi

Esercizi

1. Scrivi il plurale dei seguenti nomi.

Spiaggia	Beach	....
Cespuglio	Bush	....
Patata	Potato	....
Scatola	Box	....
Bacio	Kiss	....
Oca	Goose	....
Giocattolo	Toy	....
Scimmia	Monkey	....
Città	City	....
Libro	Book	....
Piede	Foot	....
Sciarpa	Scarf	....
Insegnante	Teacher	....
Bambino	Child	....
Gatto	Cat	....

Soluzioni

Es. 1: beaches, bushes, potatoes, boxes, kisses, geese, toys, monkeys, cities, books, feet, scarves, teachers, children, cats.

WHY? = PERCHÈ? (uài)

- *Perchè* viene tradotto con **WHY** quando si tratta di fare una **domanda**.

Perchè mangi? Why do you eat?
Perchè non vieni? Why do you not come?
Perchè non riposi? Why do you not rest?

BECAUSE = PERCHÈ (bicòuz)

- Viene invece tradotto con **BECAUSE** quando è una **risposta**.

Perchè mi piacciono. Because I like them.
Perchè ho fame. Because I am hungry.
Perchè sono stanco. Because I am tired.

Esercizi

1. Completa inserendo PERCHÉ in modo corretto.

Perchè vai via? .... do you go away?
Perchè li vuoi? .... do you want them?
Perchè mi piacciono. .... I like them.
Perchè siamo alti. .... we are tall.
Perchè lo fai? .... do you do it?
Perchè ti odio. .... I hate you.
Perchè sono belli. .... they are nice.
Perchè siamo qua? .... are we here?

2. Completa inserendo PERCHÉ in modo corretto.

Perchè studi? Perchè mi piace.
.... do you study? .... I like it.
Io studio perchè mi piace.
I study .... I like it.

Soluzioni

Es. 1: why, why, because, because, why, because, because, why.
Es. 2: why/because, because.

C'È, CI SONO (là)
THERE IS, THERE ARE

(dhèr iz, dhèr aar)

Ci sono dei cani là. There are dogs.
Non c'è posto là. There is no room.

C'È, CI SONO (qui)
HERE IS, HERE ARE

(hier iz, hier aar)

C'è una palla rossa qui. Here is a red ball.
Ci sono degli alberi qui. Here are some trees.

Esercizi

1. Inserisci THERE IS/ARE - HERE IS/ARE.

Ci sono pesci nel mare.	.... fish in the sea.
C'è (qui) un bel regalo.	.... a nice gift.
C'è un aereo in cielo.	.... a plane in the sky.
Ci sono due nuvole.	.... two clouds.
C'è (là) una piazza.	.... a square.
C'è (qui) il sale.	.... the salt.
(Là) ci sono due gatti.	.... two cats.
Ci sono due auto (qui).	.... two cars.

2. Inserisci THERE IS/ARE o HERE IS/ARE.

Cosa c'è in cielo? Ci sono due aerei.
What .... in the sky? .... two planes.
C'è del cibo? Sì, c'è!
.... food? Yes ....

Soluzioni

Es. 1: there is, here is, there is, there are, there is, here is, there are, here are.
Es. 2: is there/there are, is there/there is.

Aggettivi qualificativi

- L'aggettivo qualificativo è **invariabile** in genere e numero e **precede** sempre il nome.

Ho un gatto nero. — I have a black cat.
È una bella ragazza. — She's a beautiful girl.
È un lungo viaggio. — It's a long journey.

Esercizi

1. Volgi al plurale i seguenti aggettivi.

È una casa gialla. — They are .... houses.
Ella è bella. — They are ....
Tu hai un cane nero. — You have .... dogs.
Voglio un pesce rosa. — I want a .... fish.
Ha un grande giardino. — He has .... gardens.

Soluzioni

Es. 1: yellow, beautiful, black, pink, big.

Aggettivi possessivi

MIO, MIA, MIEI, MIE = MY (*mai*)

È il mio cane.	It is my dog.
È la mia casa	It is my house.
Sono i miei giochi.	They are my toys.

TUO, TUA, TUOI, TUE = YOUR (*ioor*)

Ho la tua giacca.	I have your coat.
È il tuo gatto.	It is your cat.
Sono i tuoi anelli.	They are your rings.

SUO, SUA, SUOI, SUE di LUI

= HIS (*hiz*)

È il suo cappello. It is his hat.
È la sua casa. It is his house.
E le sue sorelle? And his sisters?

SUO, SUA, SUOI, SUE di LEI

= HER (*her*)

È il suo libro. It is her book.
È la sua città. It is her city.
Sono le sue mani. They are her hands.

SUO, SUA, SUOI, SUE di ESSO = ITS (*its*)

Sono le sue ali. They are its wings.
È la sua finestra. It is its window.
È il suo camino. It is its chimney.

NOSTRO, NOSTRA, NOSTRI, NOSTRE = OUR (*àuar*)

È il nostro gatto. It is our cat.
È la nostra palla. It is our ball.
Sono i nostri genitori. They are our parents.

VOSTRO, VOSTRA, VOSTRI, VOSTRE = YOUR (*ioor*)

È il vostro giardino. It is your garden.
Ho la vostra bambola. I have your doll.
Sono i vostri cappelli. They are your hats.

LORO = THEIR (*dheir*)

È il loro giocattolo. It is their toy.
È la loro scuola. It is their school.
Sono le loro scarpe. They are their shoes.

Esercizi

1. Traduci in inglese gli aggettivi possessivi.

Mio = ...	Vostri = ...
Tua = ...	Suo (di lui) = ...
Nostri = ...	Suo (di lei) = ...
Sua (di esso) = ...	Loro = ...
Vostre = ...	Mie = ...

2. Inserisci gli aggettivi possessivi.

La mia penna è nera.	.... pen is black.
Il tuo libro è grande.	.... book is big.
È il suo libro (di lui)?	Is it .... book?
Il suo cane (di lei) è là.	.... dog is there.
La sua ruota (di esso) è qui.	.... wheel is here.
Il nostro cane è bianco?	Is .... dog white?
Sono i vostri cappelli.	They are .... hats.
Le loro penne sono blu?	Are .... pens blue?

Soluzioni

Es. 1: my, your, our, its, your, your, his, her, their, my.
Es. 2: my, your, his, her, its, our, your, their.

Aggettivi dimostrativi

QUESTO, QUESTA = THIS

(*dhis*)

Questo cane è nero. This dog is black.
Questa nave è grande. This ship is big.
Questo bimbo è bravo. This child is good.

QUESTI, QUESTE = THESE

(*dhiiz*)

Questi gatti mangiano. These cats eat.
Queste scarpe sono rosse. These shoes are red.
Questi bimbi nuotano. These children swim.

QUELLO, QUELLA = THAT

(*dhèt*)

Quel libro è rosso. That book is red.
Quella casa è vecchia. That house is old.
Quell'orso è grosso. That bear is big.

QUELLI, QUELLE = THOSE

(*dhouz*)

Quei giardini sono grandi. Those gardens are big.
Quelle ragazze bevono. Those girls drink.
Quei ragazzi urlano. Those boys shout.

Esercizi

1. Traduci in inglese gli aggettivi dimostrativi.

Queste = ...
Questo = ...
Quella = ...
Questi = ...
Quelle = ...
Quello = ...
Questa = ...
Quelli = ...

2. Inserisci gli aggettivi possessivi.

Questa penna è nera.	.... pen is black.
Quel libro è grande.	.... book is big.
Quella ragazza piange?	Does .... girl cry?
Questo gatto dorme.	.... cat sleeps.
Queste penne sono blu.	.... pens are blue.
Quei cani sono bianchi?	Are .... dogs white?
Questi ragazzi leggono.	.... boys read.
Quelle donne mangiano?	Do .... women eat?
Quell'uomo studia.	.... man studies.

Soluzioni

Es. 1: these, this, that, these, those, that, this, those.
Es. 2: this, that, that, this, these, those, these, those, that.

Passato dei verbi regolari

- Il passato dei verbi regolari si forma aggiungendo -**ed** all'infinito senza **to**.

Ho sbucciato una mela. I peel**ed** an apple.
Hai colorato un disegno. You color**ed** a drawing.
Hanno aspettato te. They wait**ed** for you.

- I verbi all'infinito che terminano in -**e**, aggiungono solamente -**d**.

Io vivevo a Londra. I liv**ed** in London.
Mi hai telefonato. You phon**ed** me.
Hanno ballato insieme. They danc**ed** together.

- Quelli che terminano in -**y** preceduta da consonante cambiano la **y** in **i** ed aggiungono -**ed**.

Ho studiato. I stud**ied**.
Portavi un ombrello. You carr**ied** an umbrella.
Si sono sposati. They got marr**ied**.

- I verbi monosillabi che terminano con una consonante preceduta da **una sola** vocale, raddoppiano la consonante finale.

Si fermarono là. They stopped there.

Esercizi

1. Scrivi il passato dei seguenti verbi.

Chiedere	To ask	......asked......
Studiare	To study	....
Fermare	To stop	....
Lavorare	To work	....
Stare	To stay	....
Giocare	To play	....
Portare	To carry	....
Vivere	To live	....

2. Inserisci il verbo al passato.

Ho studiato tutto il giorno.	I .... all day.
Abbiamo aspettato il taxi.	We .... for the taxi.
Hanno lavato la macchina.	They .... the car.
Sei stato a casa.	You .... at home.

Soluzioni

Es. 1: asked, studied, stopped, worked, stayed, played, carried, lived.
Es. 2: studied, waited, washed, stayed.

Forme verbali del passato

- Forma affermativa: **soggetto** + **verbo**

Io amai il calcio.	I loved football.
Ella visse a Londra.	She lived in London.
Il poliziotto lo fermò.	The policeman stopped him.

- Forma negativa: **soggetto** + **did*** + **not** + **verbo**

Non ho finito.	I did not finish.
Non hanno lavorato.	They did not work.
Non giocammo.	We did not play.

* DID è il passato dell'ausiliare TO DO.

Forma interrogativa: **did*** + **sogg.** + **verbo**

Hai mangiato?	Did you eat?
Avete dormito?	Did you sleep?
Hanno studiato?	Did they study?

Forma interrogativa - negativa: **did*** + **sogg.** + **not** + **verbo**

Non hai dormito?	Did you not sleep?
Non bevve Lucy?	Did not Lucy drink?
Non hanno parlato?	Did they not talk?

* DID è il passato dell'ausiliare TO DO.

Esercizi

1. Scrivi le forme al passato nelle seguenti frasi.

Egli mangiò una mela?	....did..... he eat an apple?
Ann non bevve?	.... Ann drink?
Io non scrivevo bene.	I .... write well.
Mangiavate con loro?	.... you eat with them?
Hanno studiato inglese.	They .... English.
Beveste il vino?	.... you drink the wine?
Lucy non studiava.	Lucy .... study.
Caddi anch'io?	.... I fall too?
Lavorava solo un poco.	He .... only a little.
Non è uscito?	.... he .... go out?
Non andarono a casa.	They .... go home.
Amava sua moglie.	He .... his wife.
Volevamo la pizza.	We .... pizza.
Non ha vinto?	.... he .... win?

Soluzioni

Es. 1: did, did not, did not, did, studied, did, did not, did, worked, did/not, did not, loved, wanted, did/not.

Verbo ESSERE: passato

- Forma affermativa: **sogg.** + **was/were**

WAS si usa per la 1° e la 3° pers. singolare!

La casa era gialla.	The house was yellow.
Noi eravamo stanchi.	We were tired.
Io ero a casa.	I was at home.

- Forma negativa: **sogg.** + **was/were** + **not**

La penna non era blu.	The pen was not blue.
Non fummo felici.	We were not happy.
Non è stato facile.	It was not easy.

Forma interrogativa: **was/were** + **sogg.**

Eri spaventato?	Were you scared?
Furono tristi?	Were they sad?
Siete stati al lago?	Were you at the lake?

Forma interrogativa - negativa: **was/were** + **sogg.** + **not**

Non era a casa?	Was he not at home?
Non furono felici?	Were they not happy?
Non sei stato con lui?	Were you not with him?

Esercizi

1. Inserisci l'ausiliare ESSERE al passato in una delle quattro forme (affermativa, negativa, interrogativa e interrogativa-negativa).

Tu non eri stanco.	You were not tired.
É stato in casa?	.... he at home?
Tom non era inglese.	Tom .... English.
Mary era americana.	Mary .... American.
Non eravate a Roma?	.... you .... in Rome?
I non ero stanco.	I .... tired.
Erano alti?	.... they tall?
Eravamo in Spagna?	.... we in Spain?
Non era al mare?	.... he .... at the sea?
Non è stato facile.	It .... easy.
Eravate adulti.	You .... adult.
Non erano felici.	They .... happy.
Siete stati bravi?	.... you good?

Soluzioni

Es. 1: were not, was, was not, was, were/not, was not, were, were, was/not, was not, were, were not, were.

Verbo AVERE: passato

Forma affermativa: **sogg.** + **had**

Avevamo un gatto.	We had a cat.
Ho avuto una casa.	I had a house.
Ebbe la febbre.	He had a temperature.

Forma negativa: **sogg.** + **had** + **not**

Non avevo un cane.	I had not a dog.
Non ebbe i libri.	He had not books.
Non avevano la penna.	They had not the pen.

Forma interrogativa: **had** + **sogg.**

Aveva un giardino? — Had he a garden?
Hai avuto un cane? — Had you a dog?
Ebbero rimorso? — Had they remorse?

Forma interrogativa - negativa: **had** + **sogg.** + **not**

Non avemmo una casa? — Had we not a house?
Non hai avuto un libro? — Had you not a book?
Non ebbero un gatto? — Had they not a cat?

Esercizi

1. Inserisci l'ausiliare AVERE al passato in una delle quattro forme (affermativa, negativa, interrogativa e interrogativa-negativa).

Non avevi un libro?	..had.. you ..not.. a book?
Non avevamo soldi.	We .... money.
Avevo un cane nero.	I .... a black dog.
Aveste un'auto.	You .... a car.
Non aveva una barca?	.... she .... a ship?
Avevate due bicchieri.	You .... two glasses.
Avevano una borsa?	.... they a bag?
Ebbe il biglietto.	He .... the ticket.
Ho avuto un gatto?	.... I a cat?
Hai avuto una casa?	.... you a house?
Non avevo una lettera?	.... I .... a letter?
Non ebbi una collana.	I .... a necklace.
Non ha avuto il piatto.	He .... the dish.

Soluzioni

Es. 1: had/not, had not, had, had, had/not, had, had, had, had, had, had/not, had not, had not.

Pronomi possessivi

IL MIO, LA MIA, I MIEI, LE MIE = MINE (*màin*)

Quel cane è il mio.	That dog is mine.*
Sono i miei.	They are mine.
Quella casa è mia.	That house is mine.

IL TUO, LA TUA, I TUOI, LE TUE = YOURS (*ioorz*)

Questa penna è tua.	This pen is yours.
È il tuo.	It is yours.
Quei gatti sono tuoi.	Those cats are yours.

* I PRONOMI POSSESSIVI RIFIUTANO L'ARTICOLO.

IL SUO, LA SUA, I SUOI, LE SUE

di LUI = HIS (*hiz*)

Il cappello è suo. — The hat is his.
Questa è sua. — This is his.
Sono le sue. — They are his.

IL SUO, LA SUA, I SUOI, LE SUE

di LEI = HERS (*herz*)

È la sua. — It is hers.
Quelli sono suoi. — Those are hers.
Il cane è suo. — The dog is hers.

IL SUO, LA SUA, I SUOI, LE SUE

di ESSO = ITS (*its*)

Le ali sono sue.	The wings are its.
Questo è suo.	This is its.
Queste non sono sue.	These are not its.

IL NOSTRO, LA NOSTRA, I NOSTRI, LE NOSTRE = OURS (*àuarz*)

La casa è nostra.	The house is ours.
Le auto sono nostre.	The cars are ours.
Quelli sono nostri.	Those are ours.

IL VOSTRO, LA VOSTRA, I VOSTRI, LE VOSTRE = YOURS (*ioorz*)

Il giardino è vostro. The garden is yours.
La penna è vostra. The pen is yours.
Questi sono vostri. These are yours.

IL LORO, LA LORO, I LORO, LE LORO = THEIRS (*dheirz*)

La casa è loro. The house is theirs.
Queste sono loro. These are theirs.
Il libro è loro. The book is theirs.

Esercizi

1. Inserisci i pronomi possessivi.

È tuo questo giocattolo?	Is this toy ....?
Sì, è mio (il giocattolo).	Yes, it is ....
È sua (di lei) quell'auto?	Is that car ....?
No, è la nostra.	No, it is ....
Questa casa è la sua (di lui).	This house is ....
Ma, non è la loro?	But, is it not ....?

2. Trasforma l'aggettivo possessivo in pronome possessivo e traducilo.

Quella non è la loro auto.	That car is not ....
Questo è il tuo giocattolo?	Is this toy ....?
Questa è la nostra casa.	This house is ....
Questo non era il suo (di lei) libro?	Was this book not ....?
Era il suo (di lui) cane?	Was the dog ....?

Soluzioni

Es. 1: yours, mine, hers, ours, his, theirs.
Es. 2: theirs, yours, ours, hers, his.

Can / could

- **CAN** serve ad esprimere l'essere in grado o la capacità di fare qualcosa.
  È seguito dall'infinito senza -**to.**
  Alla 3° persona singolare non prende la -**s**.

Ann sa nuotare.	Ann can swim.
Noi sappiamo scrivere.	We can write.
Sanno dipingere?	Can they paint?

- **COULD** è il passato di **CAN**.

Poteva lavorare molto.	He could work hard.
Non potè arrivare subito.	He could not arrive soon.
Sapevate parlare inglese.	You could speak English.

Esercizi

1. Inserisci il verbo CAN / COULD.

Possono venire oggi.	They ...can.... come today.
Puoi uscire?	.... you go out?
Sapeva parlare greco.	He .... speak Greek.
Non so guidare.	I .... drive.
Non sapete cucinare.	You .... cook.
Non sapevano cucire.	They .... sew.
Sapevamo dipingere.	We .... paint.
Sapete scrivere bene?	.... you write well?
Non sapeva guidare?	.... he .... drive?
Può ella chiamarmi?	.... she call me?
Egli sa cantare?	.... he sing?
Può funzionare?	.... it work?
Non lo potete sapere.	You .... know it.
Potevamo recitare.	We .... perform.
Non puoi passare.	You .... pass.

Soluzioni

Es. 1: can, can, could, can not, can not, could not, could, can, could/not, can, can, can, can not, could, can not.

Must

MUST esprime un obbligo, una necessità.
Viene usato solo nel presente indicativo.
È seguito dall'infinito senza **-to.**
Alla 3° persona singolare non prende la **-s**.

Deve guidare piano.	He must drive slowly.
Non dovete parlare.	You must not talk.
Non dobbiamo fumare.	We must not smoke.

- Nei tempi mancanti si usano dei verbi sostitutivi come **TO BE FORCED**, **TO BE NECESSARY**, **TO BE COMPELLED** e altri.

Dovemmo partire.	We were forced to leave.
Dovetti parlare.	I was compelled to speak.
Dovevo andare.	It was necessary for me to go.

Esercizi

1. Inserisci il verbo MUST o un sostitutivo.

Non devi fermarti.	You must not stop.
Devi voltare a destra.	You .... turn right.
Devo riposarmi.	I .... rest.
Non deve urlare.	He .... scream.
Devi essere in orario.	You .... be on time.
Dovete andare a casa!	You .... go home!
Dovesti uscire.	You .... to go out.

Soluzioni

Es. 1: must not, must, must, must not, must, must, were forced.

Short answers

- Le “short answers” sono risposte brevi.
  Si ottengono con:
  Yes/No + **pron. pers. sogg.** + **verbo**
  I verbi utili per le “short answers” sono: to have, to be e to do, nonché can e must.

Sei inglese?	Are you English?
Sì	Yes, I am.
Peter ha una macchina?	Has Peter a car?
No	No, he has not.
Vai a scuola?	Do you go to school?
Sì	Yes, I do.
Sai nuotare?	Can you swim?
Sì	Yes, I can.
Deve restare a casa?	Must she stay at home?
No	No, she must not.

Esercizi

1. Rispondi utilizzando le "short answers".

Sanno nuotare?	Can they swim?
Sì.	Yes, they can
Siete americani?	Are you American?
No.	....
Avete un cane nero?	Have you a black dog?
Sì.	....
Deve studiare oggi?	Must she study today?
Sì.	....
Sai suonare il piano?	Can you play the piano?
No.	....
Eravamo a Roma?	Were we in Rome?
Sì.	....
Avevo un gatto bianco?	Had I a white cat?
No.	....

Soluzioni

Es. 1: yes, they can; no, we are not; yes, we have; yes, she must; no, I can not; yes, we were; no, I had not.

Età

QUANTI ANNI HAI? = HOW OLD ARE YOU?

(hàu ould aar iù?)

Quanti anni ha? How old is he?
Quanti anni ha Ann? How old is Ann?
Quanti anni ha quel bimbo? How old is that child?

- L'età viene espressa così:
  sogg. + **to be** + **numero degli anni** + **years old**
  Oppure solo con il numero degli anni.

Ho sette anni. I am seven (years old).
Ha dieci anni. She is ten (years old).
Ha cinque anni. He is five (years old).

Esercizi

1. Completa con domanda o risposta.

Quanti anni hai?	How old are you?
Ho cinque anni.	I am five (years old).
Quanti anni ha Ann?	How old is Ann?
Ha sette anni.	....
Quanti anni avete?	How old are you?
Abbiamo otto anni.	....
Quanti anni hanno?	....
Hanno nove anni.	They are nine (years old).
Quanti anni ho?	....
Hai tre anni.	You are three (years old).
Quanti anni abbiamo?	How old are we?
Abbiamo sei anni.	....
Quanti anni ha Carl?	....
Carl ha due anni.	He is two (years old).

Soluzioni

Es. 1: how old are you?; she is seven (years old); we are eight (years old); how old are they?; how old am I?; we are six (years old); how old is Carl?.

Chiedere la professione

- Le espressioni più comuni per chiedere la professione a qualcuno sono:
  - **What is your prefession?** I am a teacher.
  - **What do you do?** I am a policeman.
  - **What is your job?** I am a doctor.

Che cosa fai?	What is your profession?
Che (lavoro) fate?	What do you do?
Qual è il suo lavoro?	What is his job?

Esercizi

1. Completa con la domanda corretta.

Che cosa fai?	What do you do?
Che lavoro fa Ann?	....
Qual è il vostro lavoro?	....
Che lavoro facciamo?	....
Qual è il suo lavoro?	....
Che cosa faccio?	....

Soluzioni

Es. 1: what is do you do?; what does Ann do?; what is your job?; what do we do?; what is his job?; what is my profession?.

Informazioni sulla salute

- Per chiedere come sta una persona si usa:
  how + **to be** + **nome** o **pronome personale**

Come stai?	How are you?
Come sta tua sorella?	How is your sister?
Come stanno loro?	How are they?

Esercizi

1. Completa.

Come sta Ann? ......How is Ann?......
Sta bene. ......She is fine.......
Come stanno? ....
Non stanno molto bene. ....
Come stai? ....
Benissimo, grazie. ....

Soluzioni

Es. 1: how is Ann?; she is fine; how are they?; they are not very well; how are you?; I am very well, thank you.

Tempo atmosferico

- Per chiedere com'è il tempo si usa:
  What is the weather like?
  Com'è il tempo?

Com'è il tempo?	What is the weather like?
Fa caldo.	It is warm.

- Espressioni comuni sul tempo.

Fa caldo (molto)	It is hot
Fa caldo (piacevole)	It is warm
Fa freddo	It is cold
Fa fresco	It is cool
È nuvoloso	It is cloudy
È soleggiato	It is sunny
È piovoso	It is rainy/wet
È ventoso	It is windy
C'è un temporale.	It is stormy

Tempo orario

6	It is six o'clock	
6.05	It is five *past* six	
6.10	It is ten *past* six	
6.15	It is a quarter *past* six	Si usa **PAST**
6.20	It is twenty *past* six	
6.25	It is twenty-five *past* six	
6.30	It is half *past* six	
6.35	It is twenty-five *to* seven	
6.40	It is twenty *to* seven	
6.45	It is a quarter *to* seven	Si usa **TO**
6.50	It is ten *to* seven	
6.55	It is five *to* seven	

- Quando l'ora è seguita da minuti che non superano i trenta, si utilizza **PAST**.

Che ore sono?	What time is it?
Sono le 9 e 20.	It is twenty past nine.

- Quando l'ora è seguita da minuti che superano i trenta, si utilizzano i minuti mancanti all'ora successiva seguiti da **TO**.

Che ore sono? — What time is it?
Sono le 7 e 50. — It is ten to eight.
oppure
Sono le 8 meno 10.

- In inglese le ore si esprimono con i numeri da 1 a 12 per qualsiasi ora della giornata, perciò per distinguerle si utilizzano **a.m.** e **p.m.**.
A.m. è usato per le ore prima di mezzogiorno.
P.m. è usato per le ore dopo mezzogiorno.

Sono le 7 di mattina. — It is 7 a.m.
Sono le 7 di sera. — It is 7 p.m.

Esercizi

1. Scrivi in lettere i seguenti orari.

8.00	It is eight o'clock/eight a.m.
9.05	It is ....
11.15	It is ....
12.30	It is ....
13.00	It is ....
2.00	It is ....
15.45	It is ....
0.50	It is ....
6.20	It is ....
8.40	It is ....
16.00	It is ....
17.25	It is ....
19.55	It is ....

Soluzioni

Es. 1: eight o'clock/eight a.m.; five past nine a.m.; a quarter past eleven a.m.; half past twelve a.m.; one o'clock/one p.m.; two o'clock/ two a.m.; a quarter to four p.m.; ten to one a.m.; twenty past six a.m.; twenty to nine a.m.; four o'clock/four p.m.; twenty-five past five p.m.; five to eight.

Genitivo sassone

- Il genitivo sassone si forma mettendo il *possessore* davanti alla *cosa posseduta*. Il nome del possessore viene seguito da **'s**, mentre il nome della cosa posseduta perde l'articolo (se si tratta di un nome proprio).

Il cane di Ann. — Ann's dog.
La matita di Mary. — Mary's pencil.
La casa di quest'uomo. — This man's house.

- Quando il nome del *possessore* è plurale e termina in **-s** si mette solo l'apostrofo.

I libri dei ragazzi. — The boys' books.
Il gatto delle ragazze. — The girls' cat.
La penna degli insegnanti. — The teachers' pen.

- Quando più possessori posseggono la stessa cosa in comune, prende il genitivo sassone soltanto l'ultimo possessore.

Il padre di Ann e Paul.	Ann and Paul's father.
La casa di Lucy e Jo.	Lucy and Jo's house.

Esercizi

1. Scrivere le frasi con il genitivo sassone.

The work of these men. These men's work

The music of Mozart. ....

The legs of this dog. ....

The house of Jim. ....

The name of my uncle. ....

The friend of Paul. ....

The pen of my friends. ....

The cat of these girls. ....

The garden of my father. ....

The ball of the children. ....

The castle of the king. ....

The dog of Ann and Jill. ....

Soluzioni

Es. 1: these men's work, Mozart's music, this dog's legs, Jim's house, my uncle's name, Paul's friend, my friends' pen, these girls' cat, my father's garden, the children's ball, the king's castle, Ann and Jill's dog.

Verbi irregolari

- Alcuni verbi inglesi sono irregolari, formano cioè il loro passato (e/o participio passato) in modo diverso rispetto alla regolare aggiunta di -**ed**. Di seguito i paradigmi* di alcuni verbi irregolari più comuni.

	Infinito	Passato	Partic. pass.
Comprare	To buy	Bought	Bought
Costruire	To build	Built	Built
Fare	To do	Did	Done
Mangiare	To eat	Ate	Eaten
Bere	To drink	Drank	Drunk
Trovare	To find	Found	Found
Dimenticare	To forget	Forgot	Forgotten
Andare	To go	Went	Gone
Udire	To hear	Heard	Heard
Conoscere	To know	Knew	Known
Imparare	To learn	Learnt	Learnt
Incontrare	To meet	Met	Met

* Il paradigma è l'elenco delle forme fondamentali di un verbo.

Verbi irregolari

	Infinito	Passato	Partic. pass.
Leggere	To read	Read	Read
Correre	To run	Ran	Run
Vedere	To see	Saw	Seen
Parlare	To speak	Spoke	Spoken
Spendere	To spend	Spent	Spent
Prendere	To take	Took	Taken
Insegnare	To teach	Taught	Taught
Pensare	To think	Thought	Thought
Scrivere	To write	Wrote	Written

I SUDDETTI VERBI IRREGOLARI DEVONO ESSERE IMPARATI A MEMORIA.

Esercizi

1. Completare con le voci mancanti.

Parlare	To speak	....	Spoken
Scrivere	To write	....	Written
Vedere	....	Saw	....
Fare	....	....	Done
Bere	To drink	....	....
Mangiare	To eat	....	....
Andare	....	....	....
Comprare	....	....	....

2. Inserisci il verbo al passato.

Ho mangiato una mela.	I .... an apple.
Abbiamo pensato molto.	We .... a lot.
Ha scritto una lettera.	He .... a letter.
Hanno trovato un tesoro.	They .... a treasure.

Soluzioni

Es. 1: to speak, spoke, wrote, to see, seen, to do, did, drank, drunk, ate, eaten, to go, went, gone, to buy, bought, bought.
Es. 2: ate, thought, wrote, found.

Preposizioni

- In inglese le preposizioni semplici non si fondono mai con l'articolo, ma restano sempre separate.

ON THE	sul, sullo, sulla, sui, sugli, sulle
AT THE	al, allo, alla, ai, agli, alle
IN THE	nel, nello, nella, nei, negli, nelle

L'uccello è nel nido.	The bird is in the nest.
Lucy è al cinema.	Lucy is at the cinema.
I libri sono sugli scaffali.	The books are on the shelves.

- **OF** = **DI** (ov)

La porta della casa.	The door of the house.
Le vie della città.	The streets of the town.
Parlo di te.	I speak of you.

AT = A (et)

Sono a scuola. — They are at school.
Siete a teatro. — You are at the theatre.
È a casa mia. — She is at my house.

FROM / BY = DA (fròm / bài)

FROM indica provenienza o espressioni di tempo, **BY** è usato come complemento d'agente.

È scritto da te. — It is written by you.
Vengo da Parigi. — I come from Paris.
Lavoro dalle 8 alle 15. — I work from 8 to 3 p.m.

IN = IN / A (in)

Vivono in Italia. — They live in Italy.
Partiamo in aprile. — We leave in April.
Sono nata nel 1989. — I was born in 1989.

WITH = CON (uidh)

Ella studia con me. — She studies with me.
Scrivo con una penna. — I write with a pen.
Decise con fermezza. — He decided with determination.

ON = SU / SOPRA (on)

ON significa *sopra* quando c'è un contatto. Viene utilizzato anche per indicare date e giorni (o mesi) precisi.

Il libro è sul tavolo.	The book is on the table.
Arrivano lunedì.	They come on Monday.
Salì sulla scala.	He climbed on the ladder.

OVER = SU / SOPRA / AL DI LÀ (ouvà)

OVER significa *sopra* quando NON c'è un contatto.

L'aereo è sopra la città. The plane is over the city.
La lampada è sopra di te. The lamp is over you.
Resti qui durante la Pasqua. You stay here over Easter.

FOR = PER (for)

Questo è per te. This is for you.
Visse qui per sei anni. He lived here for six years.
Serve per tagliare. It is for cutting.

BETWEEN / AMONG = TRA / FRA (bituiin/emong)

BETWEEN si usa se riferito a due persone o cose, **AMONG** a più persone o cose.

È tra la folla. He is among the crowd.
Sono tra me e te. They are between you and me.

WITHIN = TRA / FRA / ENTRO (uidhìn)

WITHIN si usa quando si tratta di tempo o spazio.

Arriva entro un giorno. He arrives within a day.
È entro i confini. It is within the boundaries.

AFTER = **DOPO** (àfter)

Arrivò dopo mezzanotte. He arrived after midnight.
Vengo dopo di te. I come after you.
Parlò dopo cena. She spoke after dinner.

BEFORE = **PRIMA** (bifor)

Arrivò prima di cena. He arrived before dinner.
Veniamo prima di lei. We come before her.
Mangiò prima di te. He ate before you.

BEHIND = DIETRO (bihàind)

La casa è dietro di te. The house is behind you.
Sei dietro la scuola. You are behind the school.
Sono dietro Paul. I am behind Paul.

BELOW / UNDER = SOTTO (bilou / ànder)

Il gatto è sotto il tavolo. The cat is under the table.
Siamo sotto lo zero. We are below zero.
È sotto i diciotto anni. She is under eighteen.

NEXT TO = ACCANTO A (nèkst tu)

Siedo accanto a te. — I sit next to you.
È accanto al giardino. — It is next to the garden.
Sono accanto a voi. — They are next to you.

IN FRONT OF = DAVANTI A (in front ov)

Era di fronte a me. — It was in front of me.
Il cane è di fronte a lui. — The dog is in front of him.
Siente di fronte a noi? — Are you in front of us?

INSIDE = DENTRO (insàid)

Siamo dentro casa.	We are inside the house.
Sono nella scatola.	They are inside the box.
È dentro la scuola.	He is inside the school.

NEAR = VICINO (niar)

Vivo vicino a Roma.	I live near Rome.
Sono vicino a lei.	I am near her.
Il gatto è vicino a noi.	The cat is near us.

OUTSIDE = FUORI DA (autsàid)

Siamo fuori di casa. — We are outside the house.
Vado fuori dal parco. — I go outside the park.
È fuori dalla città. — It is outside town.

WITHOUT = SENZA (uidhàut)

Vado senza di lui. — I go without him.
Caffè senza zuchero. — Coffee without sugar.
Sono senza soldi. — I am without money.

Esercizi

1. Inserisci la preposizione corretta.

Le gambe del tavolo.	The legs .... the table.
Arrivai dopo di lei.	I arrived .... her.
Il cane è sopra il prato.	The dog is .... the lawn.
Vengono con te.	They come .... you.
Abito davanti a Lucy.	I live .... Lucy.
Siamo fuori da scuola.	We are .... the school.
Aprile è prima di luglio.	April is .... July.
Questi sono per loro.	These are .... them.
L'aereo è sul mare.	The plane is .... the sea.
Ann è dietro di te.	Ann is .... you.
Il gatto è sotto il divano.	The cat is .... the sofa.
Siamo al cinema.	We are .... the cinema.
Arriva da Milano.	She comes .... Milan.
Vivo in America.	I live .... America.
Sono tra il pubblico.	They are .... the public.
È vicino a loro.	He is .... them.
È senza sale.	It is .... salt.
Sei tra Ann e Jill.	You are .... Ann and Jill.
Vivo accanto a voi.	I live .... you.

É nella scatola.	It is .... the box.
Arriva entro tre ore.	He arrives .... 3 hours.
È colorato da te.	It is colored .... you.
Partono con Paul.	They leave .... Paul.
Ann arrivò dopo di noi.	Ann arrived .... us.
Sono nel letto.	I am .... (the) bed.
È davanti a Tom.	She is .... Tom.
La uso per scrivere.	I use it .... to write.
È dietro la tenda.	It is .... the curtain.
È tra due gatti.	It is .... two cats.

Soluzioni

Es. 1: of, after, on, with, in front of, outside, before, for, over, behind, under/below, at, from, in, among, near, without, between, next to, inside, within, by, with, after, in, in front of, for, behind, between.